거리두기, 멀어야 가까워진다

문학과사람 디카시선 001

거리두기, 멀어야 가까워진다
문학과사람 디카시선 001

초판 1쇄 발행 | 2022년 2월 25일

지 은 이 | 윤의섭 김광기 한 린 전명천 홍인숙 박현솔
펴 낸 이 | 김광기
펴 낸 곳 | 문학과 사람
등록번호 | 제2016-9호
등록일자 | 2016년 7월 22일
주   소 | 경기도 시흥시 하상로 36 금호타운 301-203
　　　　　 서울시 마포구 성미산로 1길 30, 2층
전   화 | 031) 253-2575
전자우편 | poetbooks@naver.com
홈페이지 | http://cafe.daum.net/yadan21

ISBN 979-11-90574-43-3 03810

값 12,000원

* 이 도서는 한국문화예술위원회의 2021년도 〈코로나19, 예술로 기록〉 지원사업에 선정되어 발간된 작품집입니다.
* 이 도서의 전부 또는 일부 내용을 재사용하려면 저자와 '문학과 사람'의 동의를 받아야 합니다.
* 이 도서의 국립중앙도서관 출판도서목록은 서지정보유통지원시스템 홈페이지(http://seoji.nl.go.kr)와 국가자료공동목록시스템(http://www.nl.go.kr/kolisnet)에서 이용하실 수 있습니다.
* '문학과 사람'은 1998년 등록되어 출판 진행된 'AJ' 등과 연계됩니다.
* 이 시집은 교보문고와 연계하여 전자책으로도 출간됩니다.

거리두기, 멀어야 가까워진다

■ 책머리에 – 시와 기록

    우리 팀은 2021년 한국문화예술위원회에서 추진한 〈코로나19, 예술로 기록〉 사업에 지원하여 선정되었고 이 시집은 그 사업의 결과물 중 한 가지이다. 팀원 모두 정성들여 사진 촬영을 했고 사업 주제에 맞춰 시를 썼다.
    시는 기록이 아니지만 어떤 기록은 시가 된다. 더구나 디카시 형식을 통해 일상에서 체감하고 있는 코로나19 사태의 현실과 감정을 직관적으로 감각할 수 있게 했다는 점에서 이 시집은 이 시대를 가장 생생하게 기록한 본서(本書)가 될 것이다.
    우리는 이 전례 없는 역병의 시대가 하루 빨리 기록으로만 남기를 바란다.

2022년 2월, 윤의섭

■ 차 례 _ 시와 기록 디카시

윤의섭

거리두기 - 19

공동체 - 21

돌파 - 23

면회 - 25

비대면 - 27

성탄 - 29

스위트 홈 - 31

심지 - 33

폐가 - 35

피난 - 37

김광기

깨진 시간 - 41

생명의 힘 - 43

성산 일출봉 – 45

울 밑에 핀 봉숭아 – 47

황량한 관광지 – 49

팬데믹 거리의 풍경 – 51

코로나 안내데스크 – 53

손 소독 – 55

발열 체크 – 57

코로나 백신 접종 – 59

한 린

꽃길로 걸어가자 – 63

사랑의 기도 – 65

문득 생각나는 그대 – 67

거침없이 당당하게 – 69

취향 존중 – 71

사회적 거리두기, 그리움 곁에 두기 – 73

좀 더 가까이 다가와 주겠니? - 75

함께 살아간다 - 77

아름다운 동행 - 79

자연 방역 패스 - 81

전명천

거기에 있을 것 - 85

남을 것 - 87

갈라진다 - 89

갈대 단상 - 91

밀폐 - 93

기록 - 95

끝은 - 97

만날 수 없는 - 99

기도 - 101

결국 - 103

홍인숙

궤적 – 107

천명 – 109

출판기념회 – 111

첩첩대첩 – 113

문경문학관 방문기 – 115

발열 – 117

굴비의 기록 – 119

사통팔달 – 121

축제의 날 – 123

포스트 코로나 – 125

박현솔

『거리두기, 멀어야 가까워진다』 작품론

코로나 블루, 디카시로 치유하다 – 127

윤의섭

아주대학교 대학원 국어국문학과 졸업, 문학박사. 1992년 《경인일보》 신춘문예, 1994년 『문학과 사회』 여름호로 등단. 시집 『묵시록』 『어디서부터 오는 비인가요』 『내가 다가가도 너는 켜지지 않았다』 외. 애지문학상, 김구용시문학상 등 수상. 현재 대전대학교 국어국문창작학전공 교수.

거리두기

너와 나 사이
최근접 거리 2미터
멀어야 가까워진다
눈으로만 보듬는
너와 나 사이

공동체

같은 흙에 뿌리를 내리고 살면서도
제각각 다른 형색으로 등골이 휜다

죽어서도 펴지지 않아

삭막하다 우린 묵시적이다
앙상하다 우린 초월적이다

돌파

막으려 했지만 막을 수 없는 건
이를테면 못 다한 사랑
지워지는 추억
다가오는 나이

이것만으로 충분하다

면회

창문을 사이에 두고서야 만날 수 있다
시력과 청력만 가능하다
잘 안 보이고 귀도 어두워
손을 맞잡고 얼굴을 어루만져야 알아보는데

잘 지낼 테니 잘 지내세요

비대면

얼굴을 본 적이 없습니다

어느 행성에 사는지도 모릅니다

잡초 같은 잡음만 새어나옵니다

그림者일 뿐입니다

성탄

사람은 함부로 신의 영역에 들어설 수 없지만

신은 여전히 모든 곳에 임하신다

코로나19 원년으로부터 두 번째

요양원에도 어김없이 찾아온 성탄일의

지극한 평화

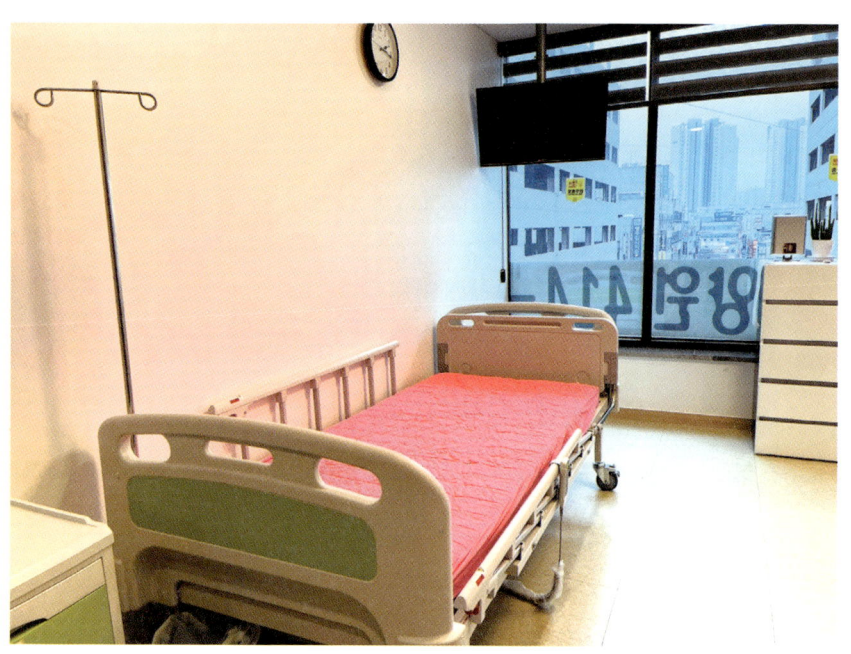

스위트 홈

오래 살다보니 별일이여
바깥엔 역병이 휩쓸고 다닌다나 봬

여긴 무사혀다
니그 집도 무사혀지

심지

푸르게 타오르려면
잘 길어 올려야 한다
녹음이 하늘에 녹음되려면
제대로 곧아야 한다

견디고 있다

폐가

결국 아무도 우편물을 찾으러 오지 않았다
환자도 유령도 없다
영원히 개봉되지 못할 소식

뜻밖의 봉인

피난

몸만 피했다

보이지 않는 총알이 난사되었고

챙길 틈도 없었다

간신히 살았다

코로나로 문 닫은 요양병원

잔해만 남은

김광기

아주대학교 대학원 국문학과 박사 수료. 1995년 시집 『세상에는 많은 사람들이 살고』를 내고 작품 활동 시작. 시집 『시계 이빨』 등과 시론집 『존재와 시간의 메타포』 외. 수원예술대상, 한국시학상 등 수상. 현재 『문학과 사람』 발행인.

깨진 시간

코로나19라는 팬데믹으로 깨진 시간,
사람들은 오랫동안 갈 길을 잃고 있다.
두 손 모아 기도하는 일상의 회복,
시간은 자연스럽게 다시 회복될 것이라 믿는다.

생명의 힘

불모지대에서도 생명은 돋아서
꽃을 피우듯
꿈과 희망만 있다면
언제 어디서든 새 삶은 잉태되어
그 꽃을 피우게 될 것이다.

성산 일출봉

저 너머에는 바다가 있다.
아침이면 찬란하게 해가 돋는 동해이다.
마스크를 쓰고서라도 저 봉우리에 올라가서
내일의 희망이 찬란하게 떠오르기를 기원해야 한다.

울 밑에 핀 봉숭아

처량하게 핀 듯하지만
튼튼하게 성곽까지 갖추고 있다.
거센 바람도 잠시 쉬어가는
아늑한 보금자리이다.
삶의 고난은 어쩌면 꽃으로 피는 듯…

황량한 관광지

팬데믹이 쓸어버린 사람들의 발길
언젠가는 이곳도 다시 북적거리겠지만
지금, 저 건물 안에는 숨을 참으며
이 시간을 견디는 사람들이 모여 있다.

팬데믹 거리의 풍경

인적이 뜸한 거리, 사람들의 발길이 끊어진 듯하다.
심장이 멈춰진 것 같은 오토바이,
언젠가는 다시 시동을 걸고 부릉부릉 댈 것이다.

코로나 안내데스크

가는 곳마다 '출입불가' 엑센트가
발길을 멈추게 하던 안내표지지만
마스크는 이미 몸의 일부가 되어버렸다.

손 소독

들어갈 때 소독제로 손을 문지르고
나올 때 다시 한 번 문지르고
집에 와서는 비누로 열심히 손을 문지른다.
마치 지난날 무슨 잘못을 일상적으로
습관적으로 빌고 있는 것처럼…

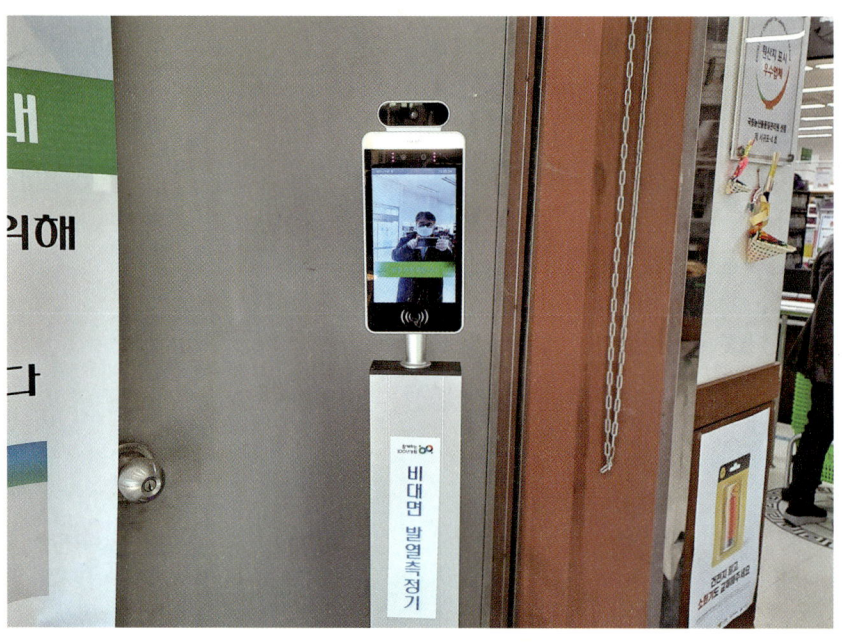

발열 체크

정상인을 증명하는 사진을 찍듯
'정상체온입니다'라는 말을 들을 때까지
바른 자세로 서서
나는 오늘도 건재하다는 사인(sign)을 받는다.

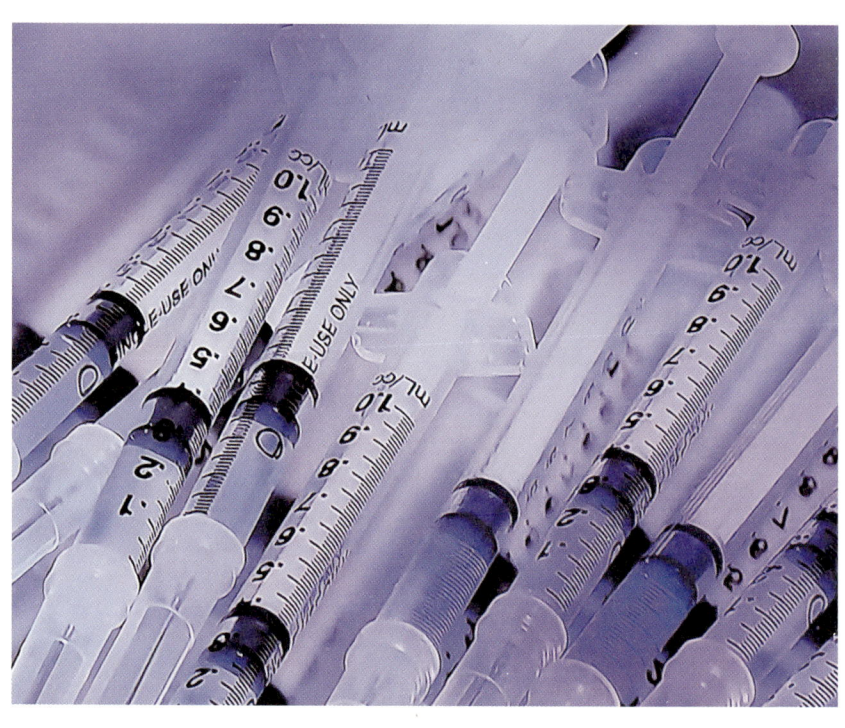

코로나 백신 접종

1차 2차 3차… 끊임없이 맞아야하는 백신 접종

많은 부작용과 위험을 감수하고서라도

희망의 내일, 더 단단한 생명의 안전을 염원하기에…

한 린

본명 한기욱. 명지대학교 대학원 문예창작과 박사 수료. 2003년 월간 『시문학』으로 등단, 시집 『사막의 별처럼』 외. 대전시인협회 사무국장, 시 전문 계간지 『시와경계』 기획위원, 현재 대전대학교 혜화리버럴아츠칼리지(H-LAC) 교원.

꽃길로 걸어가자

그대의 등 뒤에서
꽃으로 피는
누군가의 기도
겨울을 이겨낸 저 나무처럼
가슴을 펴고 당당하게

사랑의 기도

내 심장의 온기가 다할 때까지
브람스의 자장가처럼
강물의 잔물결처럼
너의 곁에서 반짝이고 싶어

문득 생각나는 그대

바람은 종을 흔들어 안부를 전하고

종은 바람에 안부를 멀리 실어 보내듯

그대는 나에게로 와 마음을 흔들고

시가 되어서 멀리 날아갔구나.

거침없이 당당하게

오늘 가는 이 길이
무덤 위에 새역사가 되는 그날까지
두려움을 지나 담대하게
무뎌진 길 위에
삶을 찍으며 간다.

취향 존중

코로나 2021

그 어떤 것을 선택하더라도

변하지 않는 진리

겉모습과 취향은 달라도

생명에 대한 존중의 기본은 방역이다.

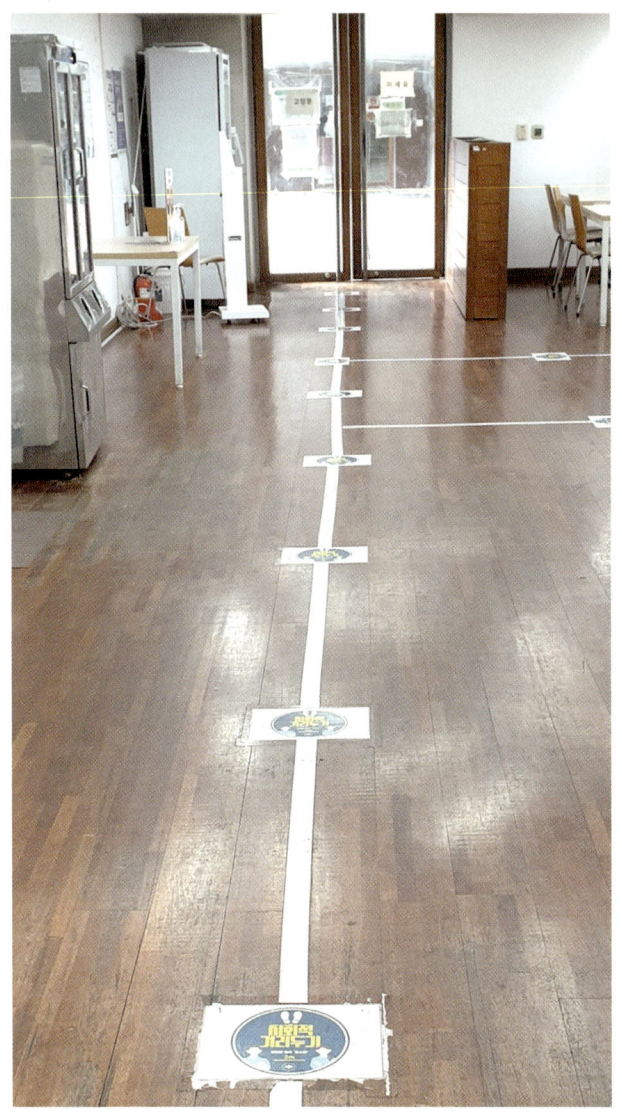

사회적 거리두기, 그리움 곁에 두기

비 온 뒤,
징검다리 건너듯
코로나를 뛰어넘어
너에게로 가는 길은
강물이 여울지듯
그리움이 일렁인다.

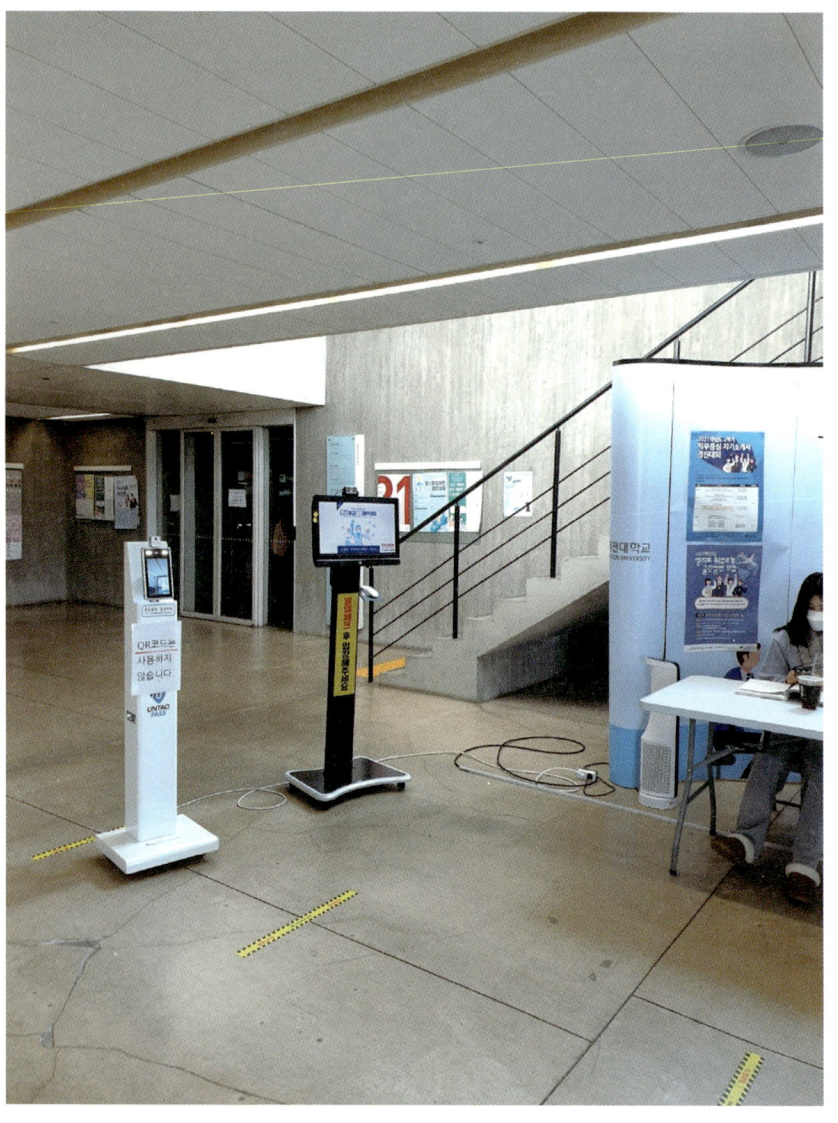

좀 더 가까이 다가와 주겠니?

나를 반기며

나의 온기를

온전히 느끼는 그대

'정상'에서 만나는

아름다운 약속

함께 살아간다

한 방울, 한 방울이 더해져

더 큰 하나가 되는 저 강물처럼

서로 몸을 기대고 살 비비며

하늘을 향해 한 방향을 향하는

마법 같은 시간을 견디는 연리지 나무처럼

아름다운 동행

우리는 어디서 만났던가
모니터 앞에 박제되었던 나는
당신에게 저장된 나는
지금 함께 걸으며 당신과
마음의 동행을 하고 있다

자연 방역 패스

앞만 보며 달리던 시간

세월이 빠져나간 구멍처럼

훤하게 드러나는 눈동자

자연과 눈 맞추고 이야기하다 보면

자연스럽게 '정상'의 자리로 돌아올 거야.

전명천

대전대학교 대학원 문예창작학과 박사 수료.
2010년 『문학사랑』으로 등단. 〈쑥과 마늘〉 동인,
현재 대전대학교 혜화리버럴아츠칼리지(H-LAC) 교원

거기에 있을 것

아래를 볼 수 없었다

위 어딘가에 있을 것만 같아서

틈을 샅샅이

뒤져보았다

남을 것

오래 된 이야기가 흘러나오는
정수장에서
오늘은 기억
침전 중이다

떠오르지 않고 남을 것

갈라진다

최대한 갈라져야한다 최대한 진취적으로

원형으로 남을까

걱정하는 밤

엉켜있는 너 말이야

갈대 단상

모여있는 갈대를 바라보며 너를 생각한다
내가 마주한 나날은 이미 오래 전 가을이었고
수 없이 흔들리는 바람이었다
2019년 마지막 갈대를 떠올린다

밀폐

문을 꼭 닫지 마세요

똑똑 누군가의 노크 소리가 들려요

열어주세요

기록

통과하려면 나를 남겨야 한다

끝은

살균 소독된 손을 언제까지 유지해야 할까요

다 비워질 때까지

기다릴 수 있을까요

만날 수 없는

눈은 내리고
가다 서다를 반복하는
경부고속도로에서
돌아갈까를 한참 망설인다

기도

네가 말한 고백이 들리기 시작한다
긴 기도문이다

결국

너를 기다리는 날이 많다
나는
슬픔을 감출 수 없어서
오래 바라보고 있다

홍인숙

대전대학교 대학원 문예창작학과 박사 수료.
2013년 계간 『시와 소금』으로 등단. 시집 『딸꾹,
참고서』 발간. 목요문학회, 〈쑥과 마늘〉 동인,
현재 대전대학교 국어국문창작학전공 교원.

궤적

1930년대를 순수문학 모국어의 조탁 시대로 명명한다
돌을 들고 나서지 못하는 지식인들이
골방에 격리되어 언어의 날을 벼리고 문장에 골몰했다던가
"그곳이 참하 꿈엔들 잊힐리야" 지용문학관을 찾아간 하루
코로나 팬데믹과 문학장의 좌표에 대해 생각해보는
것이었다

천명

    박용래 시인이 술 한 잔 거나해지면 곡진하게 울어서 눈물의 시인으로 호가 났다던 오류동 골목길
    시인이 떠난 뒤 20여 년 지나 하필 그 동네에 이사를 간 것도
    어쩌다가 말석에 시인으로 이름까지 지었으니 덥석
    번지수도 바뀌어버린 옛집터에 표지판을 내달라고 관청문이 닳도록
    들락거린 건 순전히 "시인은 하늘이 낸다"는 말 한마디 때문에

출판기념회

코로나19 발발 이후
모임 인원 수 제한 익숙해진 두어 해

모처럼 출판기념회장 접수대
낯익은 이름 찾아 기웃거리는 방명록 휑하다

고요한 한 줄 적바림
저 단단한 펜 끝에 한줄기 빛 들어찬다

첩첩대첩

매월 셋째 주 목요일에 모인다 해서 목요문학회
동인지 3호 출판기념을 위해 조심스레 안내문이 떴다
코로나백신 부스터샷까지 몸으로 감내해야만 출입
이 허락되는
비본질이 본질이 되어버린 팬데믹 세상이지만
첩첩 쌓인 밝은 눈으로 이 또한 헤쳐 갈 것이다

문경문학관 방문기

옛적에 새나 넘나들 수 있다던 '조령' 문경새재 넘는다
청정지역이든 어디든 온통 코로나 비상이다
문경문학관 개관 3주년 기념식이 열린 날
한 사람씩 버스 방역을 통과하고 야외행사장으로 들어섰다
마스크 속에 눈만 빠끔, 세상이 온통 '낯설게 하기' 각축장이다

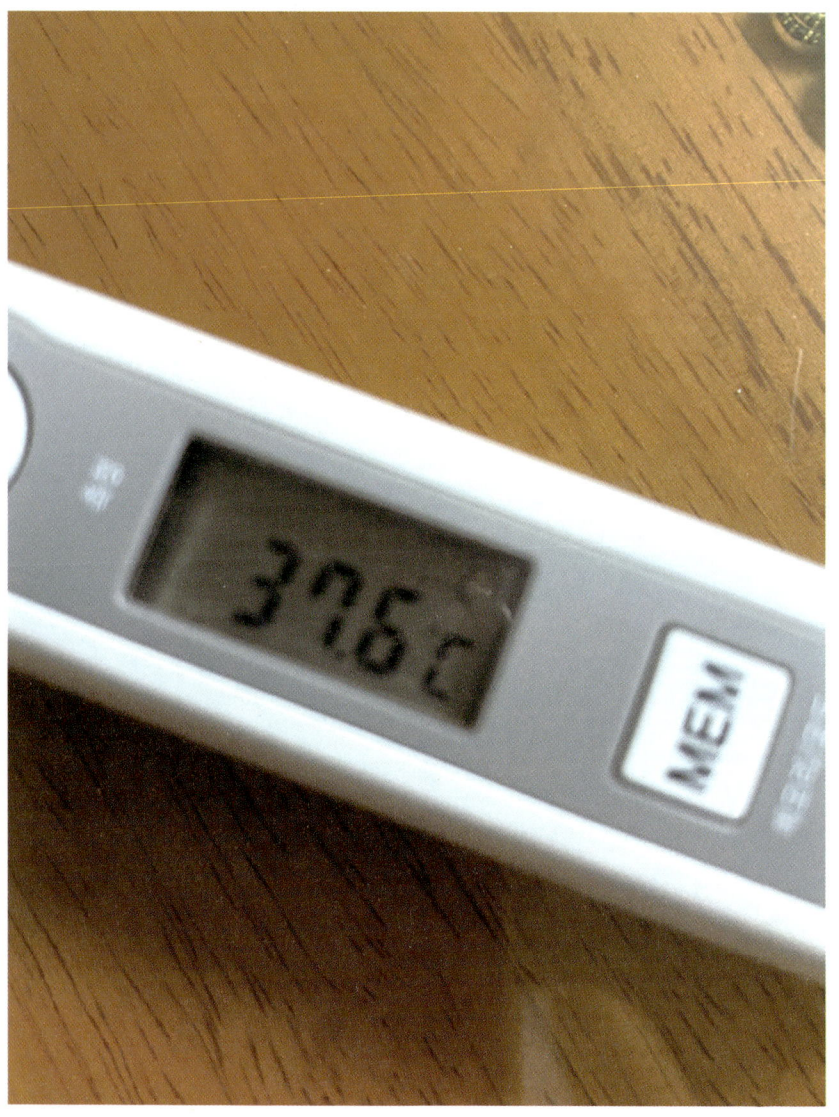

발열

단톡방에 다급한 문자가 뜬다
열이 있어요 아무래도 내일 참석하기 어렵겠어요
아이들을 가르치는 일을 하는 김 시인
음성 확인 추가 문자에 모두 안도의 숨을 내쉰다
어딜 가든 가벼운 기침조차 죄스러운 심정
코로나 병증보다 더 두려운 게 눈총이다

굴비(屈非)의 기록

겹겹 둘러싸인 창살 위로 해풍이 든다
황석어거나 황새기거나 조기 새끼거나
드물게 고래를 꿈꿨다는 참조기거나
짙푸른 바다를 향하는 꼿꼿한 대열이다
흘러가는 세상을 지탱하는 연대의 힘

사통팔달

모임 인원 수 제한에 마스크 속 타는 나날들
코로나로 움츠린 두어 해만에 모처럼의 워크숍
얼굴과 얼굴을 환대하며 새만금 가도를 달렸다
삼삼오오 문인들이 앉았다 떠난 사통팔달 바닷가 찻집
직립보행 태초부터 아무도 가두지 못한 자유

축제의 날

코로나로 결박된 자발적 은둔의 시기에
시인들 삶의 모서리 어루만지며 대신 울어주었을 것이다
부지런히 언어를 버리고 여백에 긴장을 부렸을 것이다
눈빛만으로도 오감을 느낄 수 있는 전력질주 글쓰기
누군가의 꿈을 일으키고 위태로운 어깨를 토닥였을 것이다
삶의 무늬를 짠 2021년 높이 걸려 바야흐로 축제의 날

포스트 코로나

방향은 잡는 것이 아니라 짓는 것이다
형세에 따라 직선을 긋고
상황에 따라 곡선을 부리고
바람이 부는 형상대로 나뭇가지 중심을 세우듯
저기 잠시 숨을 고르는 노 시인, 등이 바르다

■□ 『거리두기, 멀어야 가까워진다』 작품론

코로나 블루, 디카시로 치유하다

박현솔

　세균이나 바이러스 등의 병원체가 다른 생물체에 옮아서 집단적으로 유행하는 전염병에는 페스트, 천연두, 콜레라, 독감 등이 있다. 이들 세균과 바이러스는 전 세계를 공포에 떨게 한 주요 전염병들로서 고대 아테네에서부터 인간을 위협하였고, 2차 세계대전 이전에는 단순한 관찰 대상이었다. 그러다 인류는 2차 세계대전 이후에 페니실린을 개발하는 등 전염병을 통제하려는 강한 의지를 갖게 되었다. 그럼에도 이들 전염병으로 인해 희생된 인명수에 대한 통계를 살펴보면 14세기에 흑사병으로 약 1억 명이 사망하였고, 20세기에 스페인 독감으로 5000만 명이 사망하였다. 그 외에도 2002년에는 사스, 2009년에는 신종플루, 2013년에 에볼라, 2015년 메르스 등 여러 차례의 호흡기 감염 전염병으로 인해 수많은 사람들이 목숨을 잃었다. 이렇게 인류의 생명에 큰 영향을 미치는 전염병의 유행은 자연적인 요인과 사회적인 요인에 의해서 발생할 수 있다. 인구 증가에 의한 환경오염 등의 자연적인 요인과 전쟁, 테러, 글로벌화에 의한 국제 여행, 상업 활동의 촉진 등과 같은 사회적인 요인에 의해서 발생하게 된다. 그리고 호흡기 전염병과 소화기 전염병 중에서 호흡기 전염병이 인간에게는 더 치명적인데 이미 인류가 전쟁이나 기근 등으로 죽을 가능성보다 전염병으로 죽을 가능성이 더 높다는 것을 역사적 사실을 통해서 알 수가 있다. 치료제와 백신이 만들어지면서 지구상에서 사라진 듯 보였던 전염병이 다시 세력을 드러내어 세계는 지금 곤욕을 치르고 있는데 그것은 다름 아닌 코로나19 때문이다.

2019년 12월 중국 후베이성 우한시에서 처음 발견된 코로나19 바이러스는 세계적으로 빠르게 확산되어 2020년 3월에는 WHO가 세계적 유행단계인 팬데믹(Pandemic)을 선언하였다. 각국 정부는 학교 및 작업장을 폐쇄하거나, 해외 입국을 제한하고, 사회적 거리두기 등의 강력한 조치를 통해서 자국 내 바이러스의 확산을 막고자 하였다. 사실 1970년대 이후에 세계화, 정보화의 기조와 함께 항공 기술이 발전하면서 국가 간의 이동이 자유로워졌고 이를 통해서 전염병이 이전보다 쉽게 전파되었다. 지금은 각국이 국경을 봉쇄하고 하늘길을 봉쇄했으며, 최소한의 인원만이 방역 패스를 통해서 오가고 있을 뿐이다. 그럼에도 불구하고 각국의 코로나 바이러스는 진정될 기미를 보이지 않고 있으며 완전히 진정될 때까지는 함께 공존해야 할 상황에 이르게 되었다.

한편 2000년대부터 디카시가 등장한 배경에는 핸드폰의 진화와 함께 고화질의 카메라가 장착되면서 누구나 손쉽게 사진을 찍게 되면서부터가 아닐까 한다. 더욱이 언어를 다루는 감각이 뛰어난 시인들이 디지털 기계를 접하고 사진을 찍을 때에는 풍경과 사물, 대상을 찍는 것에 만족하기보다 그 너머의 의미까지 확장할 수 있는 이미지를 추구하게 된다. 시인의 감각이 사진가의 감각을 뛰어넘을 수 있는 가능성이 여기에 있을 수 있다. 그러나 지금의 현 상황은 시인의 시와 사진가의 사진이 본격적으로 융합되었다기보다 시인들에 의해서 사진이 선택적으로 활용되다 보니 장르 간의 융합이라는 것이 완전하지 않은 것으로 비춰질 수 있다. 하지만 이미지를 대상으로 한 시와 사진의 만남이라는 점에서는 의미가 있다고 하겠다. 그리고 시가 개인 상상력을 중시하는 쪽으로 심화되기 시작하면서 대중의 관심이 시로부터 멀어졌고 이로 인해서 문단 내에도 위기의식이 나타났으며 이를 타개해보고자 하는 움직임이 디카시의 발현 배경이 아닐까 생각한다. 그렇다면 왜 코로나 시대에 디카시를 쓰고 이것을 기록으로 남기고자 하는가. 이것 역시도 대중성에 초점을 둘 때 설명이 가능해진다. 시의 대중화라는 의도는 디카시의 창작으로 나아가게 하는데 코로나 시대를 겪고 있는 시인들의 입장을 디카시를 통해 기록함으로써 대중들과 소통할 수 있는 지점을 형성하고 이것을 통해서 사람들이 겪고 있는 심적이고 현실적인 어려움들을 공감하고 이를 극복하려는 목적을 가지기 때문이다. 이렇게 코로나 극복 프로젝트로서의 디카시를 통해 시인은 자신을 포함하여 다른 사람들의 아픔도 위로해줄 수 있는지의 여부를 확인하고 싶은 것인지 모른다.

  이러한 시인들의 염원과 소망을 담은 이번 디카시들을 통해서 시와 사진, 디카시가 대중과 소통할 수 있는 지점과 그 너머의 지점까지도 가늠해보기로 하자.

같은 흙에 뿌리를 내리고 살면서도
제각각 다른 형색으로 등골이 휜다

죽어서도 펴지지 않아

삭막하다 우린 묵시적이다
앙상하다 우린 초월적이다

– 윤의섭, 「공동체」 전문

    공동체는 구성원들 간에 연대감과 공유의식을 함께 하는 집단으로서 시간과 공간, 가치와 규범, 역사와 문화 등을 공유한다. 그러나 급격한 과학 기술의 발달로 시간과 공간에 대한 제약이 줄어들고, 다양한 사람들과의 교류가 늘어나고, 개인의 이익과 자유가 우선시되면서 공동체에 큰 의미를 부여하지 않게 되면서 그 의미를 새롭게 정의하는 계기가 되었다. 하지만 인간은 사회적인 존재이기 때문에 지역적으로나 국가적 또는 세계적인 다양한 문제들을 해결하기 위해 적극적으로 동참하는 것이 필요하고, 인종을 초월하여 세계의 다양한 사람들과 다방면에서 소통하는 것이 필요하다.

이 디카시는 화분 속에서 말라 죽은 식물의 앙상한 모습을 포착하고 있는데 뿌리는 하나지만 그곳에서 뻗어나간 가지들은 제멋대로 굴절되어 다양한 죽음을 보여주고 있다. 이것은 화자의 가족이, 친구가, 고향 사람들이 살았던 시간과 공간, 그곳에서 만났던 사람들의 경험들이 결국에는 죽음으로 귀결되고 있는 것이기도 하다. "같은 흙에 뿌리를 내리고 살면서도/제각각 다른 형색으로 등골이 휜다"는 표현에서 그것을 알 수가 있다.

그러나 이는 보이는 것에 국한되지 않고 그 너머를 지향하고 있어서 "묵시적"이고 "초월적"일 수가 있다. 코로나 시국에 날마다 힘들어하다가 절망하면서 죽어간 수많은 사람들의 모습을 형상화한 이 디카시는 전염병 앞에선 아무리 뛰어난 인간도 어쩔 수 없다는 자연의 순리를 일깨

워준다. 하지만 전염병과 죽음에 굴복당하는 모습을 지켜보는 사람들의 마음은 아프고 허무해질 수밖에 없다.

윤의섭 시인의 시에는 죽음이 포진되어 있고 삶에서 죽음으로 향하는 수많은 존재들이 다양하게 형상화된다. 자신의 혈육에서부터 지역과 사회로 확장되는 공동체 의식을 보여주기도 하고, 나중에는 그 경계가 무화되면서 알 수 없는 시간과 공간을 스쳐 가는 존재들과도 연대감을 보이게 된다. 즉 그들이 내가 되고 내가 그들이 되는 독특한 감각적 상상력을 통해서 낯선 존재와도 소통의 장을 만들 수 있는 가능성을 열어둔 것이다. 그리고 미래의 공동체가 지녀야 할 덕목과 나아갈 지향점을 어렴풋이나마 제시해주는 것이기도 하다.

코로나19라는 팬데믹으로 깨진 시간,

사람들은 오랫동안 갈 길을 잃고 있다.
　　　두 손 모아 기도하는 일상의 회복,
　　　시간은 자연스럽게 다시 회복될 것이라 믿는다.

　　　- 김광기, 「깨진 시간」 전문

　서정시의 시간의식이 과거에서 현재로, 현재에서 미래로 흐르는 순환적 세계관이고 이는 대상과 이미지를 보이는 그대로 해석하고 의미를 부여하지만, 모더니즘적 시간의식은 순환적인 시간의식을 일그러뜨리고 깨트려서 사물과 대상의 의미를 해체하여 또 다른 의미나 초월, 환상을 보여주는 시간의식이라고 할 수가 있다. 즉 모더니즘적 시간의식이 기존의 시간적 의미를 해체하거나 초월을 시도하고 현실 너머를 지향하는 것이라면 서정적 시간의식은 기존의 시간에 대한 의미를 회복하고 순리대로 흐르는 순환적 시간의식을 지향하는 것이다. 이 디카시에서 서정시의 순환적 세계관이 코로나19로 인해서 일그러지거나 깨지고 단절된 시간의식으로 진입한 것이 왠지 모더니즘적 시간의식을 닮아 있다는 느낌을 준다.
　여기에서 디카시의 이미지는 여러 의미를 상징적으로 표

현하고 있고 시에서도 그러한 지향성을 잘 드러내고 있다. 시계가 두 동강이 나는 경우는 매우 희박한데 그러한 순간을 포착해서 사진을 찍고 그것을 코로나 상황과 맞물리게 작업한 것이 독창적이라고 할 수 있다. "깨진 시간"은 시계가 언젠가부터 깨져서 벌어져 있는 모습으로 형상화되고 그 깨진 시간을 살고 있는 사람들의 기도는 초월적 존재에게로 향하고 있다. 깨진 시계 옆에는 십자가에 매달린 예수상이 자리를 잡고 있다. 코로나로 인한 팬데믹의 불가사의한 상황과 그것을 타개해나가기에는 부족한 인간들의 상황이 절대자에게 간구하는 것으로 이어지고 있다.

일상의 시간이 어긋나고 깨져버려서 "갈 길을 잃"은 사람들은 목적을 잃어버린 시간 속을 헤맨다. 생애에서 처음 경험하는 강력한 고강도의 사회적 거리두기를 통해서 인간관계는 단절되고 소통은 잘 이뤄지지 않으며 집안에 갇혀있는 시간이 늘어남으로써 소외감과 우울감을 겪는다. 그동안 우리에게 일상이라는 시간은 알게 모르게 많은 활력과 생동감을 부여하고 관계와 소통을 자연스럽게 이어주고 있었음을 깨닫게 된다. 그렇기에 일상으로의 회복은 꼭 돌아가야 할 시간이라는 필연성을 낳는다.

그동안 서정시를 주로 써온 김광기 시인의 세계관으로 봤을 때 이러한 순환적 시간관은 반드시 회복되어야 하는 것으로서 단절되고 어긋난 시간을 정상적으로 되돌리고 순환적 시간의식을 찾아가게 하는 근원이 되고 있다.

코로나 2021

그 어떤 것을 선택하더라도

변하지 않는 진리

겉모습과 취향은 달라도

생명에 대한 존중의 기본은 방역이다.

- 한 린, 「취향 존중」 전문

살아 있는 것을 소중하게 생각하고 모든 생명에 가치를 부여하는 생명 존중 사상은 인간과 자연을 구별하지 않는 균형적인 사고를 지향한다. 생명 존중 사상의 시작은 인간의 생명과 지구의 생태계가 위협받는 것에서 비롯되었다. 인간 중심의 사고방식과 과학 기술을 신봉하는 사고방식은 인간과 자연을 위험에 빠뜨림으로써 생명의 존엄과 모든 생명체에 대한 보살핌의 필요성을 일깨우는 생명 존중 사상을 등장시켰다. 나중에 이러한 사상이 생태주의의 기초가 되었고 우리는 도구로서의 자연을 자체적으로 존중 받아야 할 유기체로 간주하게 되었다.

동양사상에도 생명 존중 사상이 깊이 자리를 잡고 있는데 도가의 무위자연은 생명을 존중하고 만물 속에 내재되어 있는 우주의 도를 실현하고자 하였다. 그리고 불교의 존재론적 관점 역시 자연과 인간의 불가분의 관계를 전제로 하여 모든 생명체를 보편적인 일원론적 사고로 접근하게 하였다.

이 디카시는 식당 입구에 세워져 있는 선호도 조사 판넬을 클로즈업하고 있다. 거기에는 된장찌개와 김치찌개 중 어떤 것을 선호하는지를 묻고 있는데 이것은 개인의

식성에 따른 선호도 조사를 의미하고 있으면서 그에 앞서 손소독제가 놓여있는 것을 놓치지 않고 있다. "그 어떤 것을 선택하더라도/변하지 않는 진리"는 "생명에 대한 존중"이고 그 "기본은 방역"이라는 시구를 통해서 취향의 존중을 앞서서 먼저 생각해야 하는 것이 생명에 대한 존중임을 역설적으로 표현하고 있다.

한 린 시인의 디카시들은 직접적인 코로나 관련 주제를 가진 시들과 다른 의미까지 아우르는 포괄적인 의미의 디카시들이 여럿 포함되어 있다. 그것을 통해서 사랑이라든가, 공동체라든가, 사물과 자연, 인간과 자연의 조화로움 속에서 따뜻한 감정과 정서를 전달하려는 의도가 오롯이 드러나고 있다. 그리고 어렵고 힘든 코로나 시국에도 경쾌하고 위트 있는 사고와 언어를 통해서 힘든 시간을 살아가고 있는 동시대인들에게 따뜻한 위로를 전하고 있다.

네가 말한 고백이 들리기 시작한다

긴 기도문이다

- 전명천, 「기도」 전문

  종교와 전염병의 관계에서 종교개혁자들은 신도들에게 전염병이 발생하면 그곳을 피해 도망가라고 조언을 했지만 목회자나 종교인들, 공공기관 공무원들은 자신의 자리에서 묵묵히 최선을 다해야 한다고 주장하였다. 왜냐하면 전염병이 돌면 도시를 떠나는 사람들은 건강하고 젊은 사람들이고 도시에 남는 사람들은 노약자와 병자들뿐이어서 그들이 치료를 받을 수 있는 시스템을 계속 유지시켜야 했기 때문인 것이다. 코로나19 바이러스가 발생하면서 많은 종교인들과 신자들은 정부의 방역지침을 따르면서 적극적인 협조를 했지만 일부 무책임한 종교단체들은 이를 거부하고 자신들만의 방식으로 신에게 기도드리기를 원했다. 그런 종교단체들을 바라보는 국민들은 국가와 사회에 대한 책임을 다하지 않는 행동이라고 비난하기도 하였다. 여러 우여곡절을 겪으면서 코로나 시국에 직면해

있는 우리는 다시 한번 종교의 의미와 역할에 대해 생각하는 계기가 되었다.

여기에서 디카시는 어느 교회에(또는 성당에) 높게 세워진 십자가를 클로즈업시키고 있다. 그것은 마치 누군가의 간절함을 담은 "기도"를 신에게 전해줄 것처럼 솟아있다. 코로나19로 인해서 사람들은 철저한 개인 방역을 요청받기도 하고, 거리두기로 인해서 지인들도 만나지 못하는 일을 겪게 되었다. 그리고 중소상공인들은 시간제한으로 손님이 줄어서 장사가 안되어 적자에 시달리고, 학생들은 비대면 수업으로 전환되어 친구들의 존재를 점점 잊어갔다. 또 어떤 이들은 '코로나 블루'로 인한 우울증으로 마치 세상에 홀로 남겨진 것 같은 외로움과 불안감을 느껴야 했다. 세상에 태어나서 한 번도 경험해보지 못한 이런 어려움들은 인간을 한없이 나약한 존재로 전락시켰으며 여러 국가들도 자국민의 안전에 몰두하느라 후진국의 코로나 상황에 대해서는 별로 큰 도움을 주지 못했다. 코로나19 바이러스로 인해서 세상이 혼란스러워지고 사람들은 또 갑자기 불행해졌는지 모른다. 이때 인간들이 기대고 의지할 곳은 절대자뿐이고 그런 상황을 극복할 수 있는 행위는 기도를 하는 것뿐이다. 수많은 기도들이 지상에서

천상으로 올라갔고 지금도 수없이 올라가는 중이다. 어떤 아픔과 절망에서 구해달라고 신을 찾는 것인지 대충은 짐작이 되는 코로나 시국에 우리는 살고 있다. 단 2행으로 힘겨운 시간을 보낸 사람들의 사연을 함축적으로 전달하는 이 디카시는 많은 것을 생각하게 한다. 그리고 코로나 시국이 지나가면 인간에게 종교와 신은 어떤 의미로 자리매김하게 될지 궁금해진다. "긴 기도문"이 하늘에 닿고 인간이 고난을 극복하고 평화를 되찾기까지 또 어떤 시간을 감내해야 하는지 알 수가 없다. 하지만 기도를 드릴 수 있다는 것만으로도 위로를 받고 심신이 안정되며 용기를 내어 일상을 살아갈 수가 있다. 지금은 그게 무엇이든 추락한 인간의 희망을 바닥에서부터 끌어올려야 하기에 기도는 매우 유용하고 좋은 수단이 될 수 있다. 기도로써 코로나를 극복하고 새로운 희망을 가질 수 있다면 굳이 마다할 이유가 없는 것이다.

전명천 시인의 디카시 작품들에선 현재의 힘겹고 암울한 상황을 심각하게 받아들이기보다 이를 계기로 자신의 내면을 돌아보고 성찰하면서 다가올 새로운 날들을 위해서 긍정적인 사고로서 나아가야 한다고 말하고 있다.

매월 셋째 주 목요일에 모인다 해서 목요문학회

동인지 3호 출판기념을 위해 조심스레 안내문이

떴다

코로나백신 부스터샷까지 몸으로 감내해야만

출입이 허락되는

비본질이 본질이 되어버린 팬데믹 세상이지만

첩첩 쌓인 밝은 눈으로 이 또한 헤쳐 갈 것이다

- 홍인숙, 「첩첩대첩」 전문

본질은 사물이나 현상을 성립시키는 근본적인 것으로서 스스로 지니고 있는 성질이나 존재 방식을 의미한다. 헤겔에 의하면 존재를 구별하는 다양한 것들은 진리의 통일성을 갖추지 못해서 부정되었고, 외면적인 것에서 내면적인 것으로 현실화하는 과정에서 인간의 본질은 분명해지게 된다. 즉 본질은 유한한 존재와 사물의 원천이 되는 것이고, 절대자는 존재이면서 본질로 규정된다.

  단시일 내에 만들어진 코로나 백신은 부작용도 만만치 않아서 몸살에서부터 심장질환 등에 이르는 여러 상황들을 유발하고 있다. 그러나 우리는 백신을 맞아 항체가 생성되어야 사람들을 만날 수 있는 상황에 놓이게 되었다. 그렇게 만남이 어려워지면서 사람들은 전화나 SNS를 통해서 소통을 해나가고 있다. 여기에서 "출판기념회"라는 명분을 만들었음에도 그 시간에 적정 인원수가 모이기 위해서는 육체의 험난한 과정을 거쳐야만 한다. 본질로 들어가기 위해서 치러야 하는 비본질적인 것들이 너무나 고되고 험난한 상황인 것이다. 책상 위에 쌓인 동인지의 이미지와 그 근방에 얼씬도 하지 못하는 사람들의 부재가 "팬데믹" 상황임을 알리고 있고 동시에 그것은 본질에 다가설 수 없는 비본질의 현상임을 암시하고 있다. 방역을 위한 외부의 통제가 사람들의 기본 욕구인 소통의 자유를 철저히 제한하고 있는 이 힘든 시간을 우리 모두가 견뎌내고 있다. 제목에서 "첩첩대첩"은 근심이 쌓

여있지만 이것을 크게 이길 것이라는 화자의 포부를 드러내고 있다.

홍인숙 시인은 첫 시집에서 도발과 일탈을 통한 상상력의 발현을 시도한다는 평가를 받았다. 그녀는 자신만의 열정으로 주변의 시인들과 만나고 소통하면서 활력 있게 살아왔다. 그러나 코로나19로 인해서 문학모임과 행사가 줄어들고 간혹 있다 해도 예전의 인원 모두가 참석할 수 없는 상황이 왠지 답답하고 안타깝게 느껴진다. 하지만 "첩첩쌓인 밝은 눈"으로 이 상황을 헤쳐나갈 수 있다는 긍정적인 마인드에서 희망을 엿볼 수가 있다. "첩첩쌓인 밝은 눈"은 책상 위에 쌓인 동인지를 의미하기도 하고 그 너머 시인들의 바람과 기원을 의미하기도 한다.

코로나19 바이러스는 세계적인 대유행을 이어가면서 여러 번의 변이 바이러스를 탄생시켰고 그로 인해 중증도가 감소하는 대신에 5배가 넘는 전파력을 보여주면서 아직도 성행하고 있다. 이러한 시기를 힘겹게 지나고 있는 전 세계 사람들은 '위드 코로나'의 시기가 도래하기를 간절히 바라면서 마지막으로 힘을 내어 살아가고 있는 듯하다. 우리나라에서도 거리두기와 백신 접종을 통해서 이

전보다는 방역 조치가 느슨해지고 개인 방역을 철저히 하는 쪽으로 가닥이 잡히고 있다. 코로나19 바이러스로 인해서 사람들은 소통 부재의 시간을 경험했고, 죽음에 대한 두려움과 함께 '코로나 블루'라는 우울증을 경험하였다. 이러한 개인의 고립이 방역을 위한 것이고 다른 사람들을 위한 기본적인 실천임을 알면서도 육체적, 정신적, 경제적 타격과 후유증은 말로 다 표현할 수 없을 정도이다. 이러한 시간을 살아가는 디카시 프로젝트의 5명의 시인들도 그 기억과 흔적을 고스란히 자신의 디카시에 녹여내고 있었다. 물론 시인이라는 존재 이유로 인해서 코로나에 온전히 몰두하기보다는 그러한 주제를 일부 반영하거나 코로나와 직접 관련이 없는 주제로 외연의 확장을 꾀하기도 하였다.

먼저 윤의섭 시인은 디카시 열 편 중에서 코로나 디카시와 코로나를 암시하고는 있지만 내용에서 코로나를 직접적으로 드러내지 않는 디카시가 반반 섞여 있었다. 이것은 코로나 시국과 시인으로서의 존재감이 적절히 균형을 이루려는 것으로 해석될 수가 있다. 육체든, 정신이든, 상황이든 어느 하나가 기울어진 삶은 자신의 정체성을 온전히 유지할 수 없으며 미래의 시간으로 담대히 나아갈 수 없다. 그리고 김광기 시인은 코로나 직접 관련 디카시가 7개이고 제목과 주제에서 코로나를 암시하는 디카시가 3개였다. 이를 통해서 그가 코로나 시국을 엄중히 인식하고 있으며 그로 인한 개인적인 여파가 존재함을 짐작할 수 있었다. 그리고 한 린 시인은 코로나 직접 관련 디카시가 4개였고, 코로나를 암시하는 디카시가 6개였는데 그녀는 코로나로 인한 상황 속에서도 여유와 위트를 유지하려고 노력하였고, 그 기반에는 사랑하는 사람들을 생각하는 따뜻한 마음이 내재되어 있음을 알 수 있었다. 그리고 전명천 시인은 코로나와 직접 관련된 시가 3개이고, 코로나를 암시하는 디카시가 7개에 달했다. 이것은 그녀가 코로나 상황에 크게 좌지우지되지 않고 심리적인 안정을 유지하고 있으며 오히려 코로나와 직접 연계되지 않은 디카시를 늘림으로써 현대시의 확장을 모색하고 있다는 느낌을 받았다. 마지막으로 홍인숙 시인은 코로나 직접 관련 디카시가 6개이고, 코로나를 암시하는 디카시가 4개였는데 그녀는 코로나 상황으로 인한 불편과 소통의 단절을 경험한 것을 가감 없이 보여주었다. 그리고 그런 소통 부재의 경험들을 사람들의 긍정적인 에너지로 극복할 수 있다는 희망의 메시지를 전달해 주었다.

이렇게 코로나 상황으로 인해서 자유가 제한되는 것을 느끼고 있는 다수의 사람들에게 이 프로젝트에 참여한 시인들의 디카시는 어떤 효용성을 가질까. 디카시를 쓴 시인들도 디카시를 쓰는 과정에서 코로나 상황을 극복하기 위한 마음의 의지나 용기를 새롭게 다지게 되었을까. 자의적으로 판단해 볼 때 코로나 극복 프로젝트에 참여한 시인들은 자신의 삶 속에서 경험한 것들을 바탕으로 코로나 상황을 엄중하게 인식하면서 이를 극복하기 위한 방법으로 디카시를 활용하고 있지 않았을까 한다. 그들의 디카시는 자신의 애로사항과 극복의 의지를 잘 반영하고 있으며 이를 독자들도 함께 공유하기를 바라고 있었다. 그리고 그들의 디카시가 독자들에게 다가가기에 용이하고 함께 공감할 수 있는 좋은 장르라고 생각하고 있었다. 그리고 무엇보다 프로젝트에 참여한 시인들의 코로나 극복 의지와 열정이 현재의 시간을 살아가는 많은 사람들에게 위로가 되고 새로운 극복 의지를 다질 수 있는 마중물로서의 역할을 톡톡히 해낼 수 있을 거라고 믿는다. 또한 대중들과 소통할 수 있는 디카시와 그 너머를 지향하는 디카시 창작이 모두 가능하다는 것을 확인할 수 있었다. 그것은 현대시가 디카시를 매개로 소통의 자장을 더 넓힐 수 있음을 확인하는 것이고, 사진과의 협업이 현대시의 활로에 큰 영향을 줄 수 있음을 시사하는 것이라고 할 수 있다.

박현솔 ─────────────────

본명 박미경. 아주대학교 대학원 국문학과 박사 졸업. 1999년 《한라일보》 신춘문예와 2001년 『현대시』 신인상을 통해 등단. 시집으로 『달의 영토』, 『해바라기 신화』, 『번개와 벼락의 춤을 보았다』, 시론집 『한국 현대시의 극적 특성』이 있음. 경기시인상 수상. 현재 『문학과 사람』 편집주간.